Un vrai pot

Gilles Tibo

Illustrations : France Brassard

Directrice de collection : Denise Gaouette

Rat de bibliothèque

Données de catalogage avant publication (Canada)

Tibo, Gilles, 1951-

   Un vrai pot de colle!

   (Rat de bibliothèque. Série jaune; 6)
   Pour enfants de 6-7 ans.

   ISBN 2-7613-1571-5

   I. Brassard, France, 1963-   . II. Titre. III. Collection: Rat de bibliothèque (Saint-Laurent, Québec).
   Série jaune ; 6.

PS8589.I26V72 2004   jC843'.54   C2004-940314-1
PS9589.I26V72 2004

Dépôt légal : 2ᵉ trimestre 2004
Bibliothèque nationale du Québec
Bibliothèque nationale du Canada

IMPRIMÉ AU CANADA   234567890 IML 098765
                                     10632   ABCD   CA16

À la foire de Tiboville,
pour gagner un monstre,
il faut lancer trois balles
dans un petit panier.
Tout le monde essaie.
Personne ne réussit.

Je lance une première balle.
Une deuxième balle !
Une troisième balle !
— Youpi ! Youpi !
    J'ai gagné ! J'ai gagné !

Je choisis le monstre qui sourit.
Je serre mon monstre très fort contre moi.
Je décide de l'appeler Momo.
Momo me serre très fort contre lui.
Il a peur. Il tremble.

J'achète un cornet de crème glacée à Momo.
Il déguste son cornet sans me lâcher.
Puis, tout à coup, Momo lance les boules
de crème glacée à tout le monde.

On se sauve à la maison.
Je montre à Momo mes livres de sorcières
et mes affiches de fantômes.
Il a peur. Il tremble.
Momo se blottit entre mes bras.

J'essaie de déposer Momo sur mon lit.
Mais... Momo m'agrippe très fort
par les épaules.

Je saute sur place.
Boum ! Boum ! Boum !
Momo ne lâche pas prise.

Je fais des culbutes et des pirouettes.
Momo reste collé à moi.

Je tourne en rond avec mon vélo.
Mais ça ne fonctionne pas.
Momo reste agrippé à moi.

Je prends mon bain.
Je mets ma tête sous l'eau.
Je fais couler de l'eau froide.
Je fais couler de l'eau chaude.
Momo ne lâche pas prise.

Je regarde un film à la télévision.
Je lis une bande dessinée.
Je suis vraiment devenu l'ami de Momo.
Il ne me lâche pas une seconde.

Je suis fatigué. Je me couche.
— Bonne nuit, mon ami Momo !
Les yeux grands ouverts,
Momo reste collé à moi.

 14

Je chante une berceuse
très, très endormante.
Lentement, Momo lâche prise.
Enfin, il s'endort.

Momo ronfle très, très fort.
Je me couche dans la garde-robe.
— Décidément, mon ami Momo
    est un vrai pot de colle !

16